AENEAS APPIUS

DUATLETA

AENEAS APPIUS

DUATLETA

Una dinamo affidabile che va ben oltre
il mondo dello sport

Prima edizione in tedesco maggio 2024
Edizione in italiano agosto 2024

Correzione di bozze: Marcel Nickler
Traduzione: Carlo Simongini
Cartoni animati: Tamino Appius
Busta: Aeneas Appius

Verlag: BoD · Books on Demand GmbH, In de Tarpen 42, 22848 Norderstedt
Druck: Libri Plureos GmbH, Friedensallee 273, 22763 Hamburg

Codice ISBN: 978-3-7597-7607-5

SOMMARIO

INFORMAZIONI SULL'AUTORE

Il successo può essere pianificato,
appreso e gestito con la nostra mente

Aeneas Appius, nato nel 1960 a Basilea, in Svizzera, ha iniziato la sua carriera sportiva come calciatore. All'età di 38 anni, è passato da atleta di squadra ad atleta individuale e si è fatto strada fino al vertice nazionale nella sua categoria di età nella corsa in pochi anni. Dopo un'altra operazione al tendine d'Achille, si è accesa la sua passione per la corsa in bicicletta. Con una grande voglia di imparare e un ampio sostegno da parte della comunità svizzera del Duathlon, ha presto sfidato i migliori atleti esperti ai campionati internazionali.

Dopo 25 anni di sport di resistenza, il suo Palmares vanta 280 vittorie e più di 50 medaglie in gare di campionato in diverse fasce d'età. Ha vinto maratone cittadine internazionali, gare ciclistiche, cronometro individuali, triathlon sprint e può vantarsi di essere stato per 3 volte campione del mondo di Duathlon Sprint, 4 volte campione europeo di Duathlon Sprint e Standard, 4 volte campione svizzero di duathlon e 7 volte campione svizzero in varie discipline di corsa.

Analizzando le storie di successo vissute in questi decenni, si è ispirato per scrivere il suo primo libro di saggistica «WINNING SPIRIT» nel 2022. La guida svela i 7 principi del successo e insegna al lettore come utilizzare l'energia del pensiero positivo come forza trainante per raggiungere grandi obiettivi.

Attualmente è coinvolto nella promozione di Run-Bike-Run in qualità di Swiss Duathlon Age Group Manager, gestisce l'IG Swiss Duathlon e supporta vari atleti nel raggiungimento degli obiettivi e nella gestione delle tattiche di gara.

In qualità di consulente di direzione, coach di motivazione e performance, supporta aziende, organizzazioni e individui nella pianificazione e nel raggiungimento del successo, basato sulla condivisione di un approccio mentale e di uno spirito vincente.

INTRODUZIONE

Vivi la tua passione!

L'esecuzione del «DUATLETA» è stato volutamente scritto dal punto di vista di un atleta. Contiene le caratteristiche e i requisiti più importanti di un atleta, fornisce esperienza e consigli e mostra il fascino di questo sport.

Il duathlon è uno sport di resistenza nella combinazione di corsa, ciclismo e corsa, meglio conosciuto oggi come «Run-Bike-Run». In tutto il mondo, questo popolare sport viene già in età scolare. Il duatleta ha bisogno solo di attrezzatura sportiva composta da abbigliamento da corsa, scarpe da corsa e da ciclismo e una bicicletta con casco. Il duathlon è ugualmente popolare tra i bambini, i giovani, le famiglie, i principianti, gli atleti dilettanti, gli atleti agonisti e di tutti i generi. Grandi e piccini possono competere in una gara di duathlon in diverse categorie. L'atmosfera familiare che ne deriva è molto apprezzata dagli atleti, dai famigliari, dai sostenitori e dagli spettatori.

Una gara di duathlon si svolge senza aiuti esterni e senza fermare il cronometro quando si cambiano le singole discipline. Normalmente, i duatleti vengono chiamati sulla linea di partenza tutti insieme, senza distinzione per età o sesso. Tuttavia dopo l'arrivo vengono fornite graduatorie per categoria di età ed è allora che ogni atleta può confrontare la propria prestazione con quella di rivali della stessa categoria e sesso. I tempi intermedi stabiliti durante le frazioni delle singole discipline forniscono all'atleta preziosi spunti per l'analisi della gara.

Il fascino e la sfida del duathlon è quello di completare un determinato percorso da soli e il più velocemente possibile. Non è il miglior corridore o il ciclista più veloce che vince, ma colui che riesce ad integrare al meglio le due discipline, inclusi i momenti di passaggio da una all'altra, chiamate "transizioni". Tenendo conto non solo delle capacità fisiche e tecniche, ma anche della migliore strategia di gara.

Oggi, un organizzatore di duathlon cerca di attirare il maggior numero possibile di atleti di resistenza. Un duathlon si svolge quindi spesso non solo come evento individuale. In occasione di grandi eventi multisportivi nazionali e internazionali, possono essere praticate diverse discipline sportive come gare ciclistiche, triathlon, gare podistiche e duathlon. Tuttavia, il numero di eventi di duathlon, rispetto alle gare ciclistiche, agli eventi podistici e al triathlon, è significativamente inferiore. Di conseguenza, in una stagione vengono spesso offerte piccole serie di duathlon con classifiche individuali e generali di serie in diverse fasce d'età, il che porta con sé un'ulteriore componente attraente per i duatleti. Gli eventi variano in tutto il mondo nelle diverse distanze e tipologie, il che offre molta varietà e anche diverse sfide.

I campionati di duathlon si svolgono su distanze standard definite dalla World Triathlon Association. Un duathlon sprint si svolge sulla distanza 5km-20km-2,5km, un duathlon standard su 10km-40km-5km e un powerman su 10km-60km-10km. La competizione di duathlon più dura e più lunga del mondo si tiene attualmente ogni anno a Zofingen, in Svizzera, in occasione dei Campionati del Mondo di Lunga Distanza sui 10 km-150 km-30 km.

I principianti del duathlon hanno già fatto la loro prima esperienza agonistica nella corsa e/o nel ciclismo e si stanno avventurando nella nuova sfida combinata corsa-bici-corsa.

Il duatleta esperto incarna l'essenza di una dinamo, cercando sempre di ottimizzare il suo bilancio energetico. Come una potente dinamo nella rete elettrica, il duatleta si sforza di utilizzare le sue riserve di energia in modo efficiente, sia nelle frazioni di corsa che in bicicletta. Con grande passione e dedizione, si dedica al suo sport, superando sfide e raggiungendo traguardi impressionanti. La capacità del duatleta di controllare il flusso di energia si riflette nel suo approccio olistico. Ottimizzando continuamente il suo allenamento, la sua forza mentale e le sue abitudini di vita, diventa una dinamo stabile che non solo guida se stesso, ma emana anche grande energia positiva a coloro che lo circondano. La sua disciplina e la sua attenzione agli obiettivi lo rendono una personalità affidabile nella sua vita professionale e privata.

Il duathlon come filosofia di vita, il duathlon come dinamo, un'affascinante simbiosi tra performance e gestione dell'energia.

Di cosa è capace un duatleta esperto e come vive il suo sport, questo articolo cerca di descriverlo e scandagliarlo.

Melanie Maurer, campione del mondo di duathlon d'élite media distanza Viborg, DEN 2022 e lunga distanza Zofingen, SUI 2022

I QUATTRO ELEMENTI DI BASE

Puoi fare molto di più di
quello che pensi di poter fare.

Il duatleta è già un corridore e ciclista di lunga distanza (di successo). Pratica corse di lunga distanza e gite in bicicletta (bici da strada, mountain bike e bici da cronometro) durante tutto l'anno e partecipa sia a eventi di corsa che ciclistici. Porta la sua esperienza da questi due sport alla combinazione corsa-bici-corsa. Oltre ad ellenarsi nelle specifiche discipline, cura nel dettaglio anche i passaggi da una disciplina all'altra e mette alla prova la propria gestione dell'energia per mezzo di allenamenti combinati intensivi. Come atleta di resistenza a tutto tondo, può competere con persone che la pensano allo stesso modo in tutto il mondo negli eventi di duathlon.

Il duatleta è un atleta competitivo. «Andrò a correre o in bicicletta» si dice presto. Sto facendo un duathlon, ma è una sfida sportiva molto più complessa e più grande. A chi piace allenarsi in sport e discipline diverse tutto l'anno senza mai poter utilizzare le competenze acquisite? Il duatleta ha bisogno di un evento di duathlon con un percorso di corsa e ciclismo segnalato che includa una zona di transizione in modo da poter mettere alla prova le sue prestazioni. Può simulare molto in allenamento, ma una zona di transizione durante un evento sportivo con molti partecipanti è un po' più affollata e ha dimensioni diverse. A seconda delle dimensioni dell'evento, si crea una dinamica frenetica, che richiede una concentrazione molto più elevata da parte dell'atleta nella zona di cambio e sui percorsi di gara.

Il duatleta può essere trovato tutto l'anno come atleta attivo. In qualità di atleta esperto di multi-endurance, allena anche la coordinazione, l'agilità, la stabilità, la frequenza dei passi e delle pedalate, nonché la forza muscolare e cardiaca durante tutto l'anno. A seconda di dove vive, integra il suo allenamento di resistenza invernale con attività indoor su bici, roller trainer, tapis roulant, vogatore e si gode il paesaggio innevato mentre corre sulla neve, fa sci di fondo e scia. Gli allenamenti e le gare di duathlon sono offerti tutto l'anno anche nel mondo virtuale, come ad esempio sulla piattaforma online Zwift.

Il duatleta è un solista eccezionale. È sempre un atleta individuale con abilità eccezionali. Non si allena per essere in grado di suonare come membro di un ensemble da concerto. Si guadagna il suo riconoscimento con una talentuosa performance da solista. In qualità di membro della squadra, può partecipare a una staffetta di duathlon e/o a una gara di staffetta a squadre. Poiché il duathlon non è (ancora) uno sport olimpico e non esiste un campionato professionistico in tutto il mondo, l'interesse dei media e degli sponsor è molto più basso rispetto al triathlon. Il livello sportivo, d'altra parte, è enormemente alto nonostante una peggiore situazione finanziaria sia per gli atleti d'élite che per gli atleti di fascia d'età. Poiché la tendenza internazionale va verso formati di gara più brevi e attraenti, ogni atleta è sfidato ad aumentare ulteriormente la propria velocità, soprattutto durante la corsa. La corsa finale del duathlon diventa così ancora più un'esibizione in solitaria decisiva per il risultato finale.

Benjamin Choquert, campione del mondo ed europeo di duathlon d'élite (Foto Fédération Française de Triathlon)

COSA DISTINGUE UN DUATLETA

Duatleta corre, pedala e pensa

Come persona guidata dalla visione, il duatleta ha una visione sportiva. Il duathlon è la sua passione, che pratica con enorme entusiasmo. Prova sempre grandi sentimenti di gioia. Questo stato gli dà una soddisfazione molto piacevole. Il suo sistema di valori personali definisce la gamma morale e lo guida attraverso le sue attività sportive e la sua vita.

Il duatleta è piuttosto originale nell'ampio mondo dello sport. Vive una passione sportiva che richiede **un alto livello di determinazione, dedizione e autodisciplina**. Lavora sulla sua (ferrea) volontà di soffrire e sulla sua resilienza in modo da poter raggiungere regolarmente gli obiettivi sportivi che ha definito in allenamento e in gara. Poiché il corpo umano ama attivare il programma di risparmio energetico, è anche sfidato a superare in continuazione la parte di sé più debole.

In un duathlon no-draft (ossia con scia non consentita), **il duatleta rispetta le norme di distanza e sorpasso specificate**. Pedalare senza il beneficio della scia non è sempre facile. Tuttavia, non vuole deliberatamente ottenere un vantaggio contro le regole e mantiene le distanze, come ha spesso praticato in allenamento. Di norma, una persona nota sempre una violazione delle regole.

Il duatleta osserva le regole definite per lala zona di transizione. Non vuole essere ostacolato e quindi non ha intenzione di disturbare gli altri atleti. Sebbene nella zona di transizione il livello di stress di ogni atleta sia al massimo, se si verifica un incidente nell'area di cambio, come afferrare involontariamente l'attrezzatura del vicino o gettare a terra un casco quando si entra nello stretto corridoio della zona di cambio con molte biciclette allineate, è una questione d'onore correggere immediatamente questo errore e rimettere le cose a posto.

Bici da corsa e scarpe da corsa nella zona cambio

Foto Henry Dulink

Il duatleta non cerca volontariamente il contatto fisico cosciente con i suoi rivali di gara. In caso di contatto involontario, si scusa. Se provoca una caduta, ritiene suo dovere prestare immediatamente assistenza. **Evita il disturbo intenzionale e le manovre rischiose che provocano la caduta.** La tattica di toccare il concorrente il più possibile durante la competizione per disturbare la sua concentrazione è molto disapprovata nel duathlon. L'esperienza dimostra che una persona risponde a un disturbo cosciente con una contro-reazione istintiva e tende a rilasciare più energia in risposta.

Il duatleta non intende mai rallentare deliberatamente un avversario o impedirgli di sorpassare, sia correndo che andando in bicicletta. **Si astiene dal bloccare**. Nelle competizioni con drafting (drafting), spesso si percorrono diversi giri in gruppo e c'è molto traffico sul percorso in bicicletta. Le situazioni di sorpasso e doppiaggio sono frequenti. Un duatleta più veloce verifica quindi sempre la sicurezza della manovra di sorpasso prima di una curva o di una rotatoria. Per garantire che i ciclisti più veloci possano passare facilmente, pedala sul lato corretto della strada, come nei trasporti pubblici. Se taglia la curva, prima è sempre necessario un rapido sguardo indietro. Gli arbitri delle gare di duathlon controllano la correttezza della competizione e il rispetto delle regole e puniscono le manovre sleali con una penalità. È bello fermarsi nella "penalty Box", ma il tempo continua a scorrere e la rabbia per l'incidente è sempre grande.

Il duatleta utilizza materiale tecnicamente impeccabile. Poiché le competizioni si svolgono in quasi tutte le condizioni atmosferiche, presta grande attenzione all'aspetto della sicurezza per non mettere inutilmente in pericolo se stesso e gli altri. L'offerta di materiale borderline, ancora più veloce e leggero sul mercato è in continua crescita e seducente. Di conseguenza, anche le regole per l'uso del materiale in gara cambiano regolarmente. Il duatleta evita la squalifica per violazione delle regole studiando preventivamente in dettaglio il regolamento sul materiale rilasciato dalla Triathlon Association. **Non pratica doping materiale** e vuole evitare di violare il codice del fair play e/o di essere definito un trasgressore di doping materiale. Il duatleta capisce che in ultima analisi è il fattore umano, con la sua posizione aerodinamica sulla bici, che offre il miglior rapporto costi/benefici.

Raggiunger il successo nel duathlon con diverse discipline e con l'utilizzo di diverso materiale affascina il duatleta. Dal momento che vuole ottimizzare e migliorare costantemente se stesso come atleta, fissa obiettivi misurabili e lavora concentrato e duramente per raggiungerli. La sua priorità assoluta è raggiungere i suoi obiettivi, indipendentemente dalla loro complessità. Per fare questo, ha bisogno non solo di molta passione, ma soprattutto di grande disciplina e del coraggio di rimanere autodeterminato. Il **duatleta è un esecutore autodeterminato.** Con ogni obiettivo raggiunto, non importa quanto piccolo, rafforza ulteriormente la sua fiducia in se stesso. Questo, a sua volta, lo sprona a definire obiettivi ancora più ambiziosi, che potrebbero essere come esempio di partecipazione a una competizione più lunga o a un campionato nazionale/internazionale.

Sfilata delle Nazioni ai Campionati Mondiali di Duathlon a Targu Mures, ROM 2022

Per essere in grado di correre e pedalare ancora più velocemente su diverse distanze, il duatleta allena in particolare la sua forza di resistenza. Ciò gli consente di ottenere potenze linearmente elevate sulla bici il più a lungo possibile e di mantenere una buona tensione del corpo e uno stile di corsa stabile su entrambe le sezioni di corsa. **Ha una resistenza molto elevata.** La sua priorità nell'allenamento non è quella di raggiungere regolarmente i valori di picco più alti (carichi neuromuscolari), ma di mantenere il più a lungo possibile le sue prestazioni di resistenza appena al di sotto della soglia anaerobica. Sa che nel duathlon l'ultima manche è ancora una volta estremamente impegnativa e uno sprint sul rettilineo d'arrivo può ancora decidere il risultato finale. Il duatleta intende quindi vivere e guardare l'avvicinarsi del traguardo avendo ancora sufficiente energia nel suo corpo.

Non vuole perdere questa ricompensa per le settimane di preparazione. I duatleti con l'ambizione di salire sul podio allenano non solo la forza di resistenza, ma anche le abilità di velocista con unità di corsa veloci e ripetitive (intervalli) sulla pista di 400 metri. Ciò che un duatleta non ha immagazzinato nei suoi muscoli e nella sua testa, non può assolutamente recuperarlo in gara.

Affrontare le grandi sfide fisiche non è sempre facile. Il duatleta cerca costantemente di superare i suoi limiti fisici. Per raggiungere questo obiettivo, allena le sue prestazioni di resistenza al limite della soglia anaerobica. Se si muove troppo a lungo nell'intervallo anaerobico, in uno stato di cosiddetto overpacing, ne pagherà le conseguenze nel corso della competizione, ritrovandosi con muscoli iper-acidificati e un calo delle prestazioni. Il tempo può cambiare con breve preavviso e rovesci di pioggia, vento o caldo possono alternarsi all'improvviso. Il duatleta ha la capacità di reagire in modo flessibile ai segnali del corpo e ai cambiamenti ambientali. **È un esperto e abile gestore di crisi** e prepara piani alternativi in anticipo a un ritmo ridotto per essere in qualche modo ancora in grado di raggiungere l'obiettivo in sicurezza. Da buon gestore di crisi, porta sempre con sé una piccola riserva di emergenza (cibo, materiale di ripartizione, ecc.) e conosce trucchi e strumenti mentali per essere in grado di padroneggiare potenziali disturbi motivazionali nei momenti critici. Con la sua esperienza, supera le situazioni difficili con facilità e routine e ottiene sempre il meglio anche da una situazione difficile.

Anita Appius procede concentrata nonostante la pioggia battente

La stagione del duathlon in Europa dura solitamente circa sei mesi. Durante questo periodo, solo pochi eventi offrono al duatleta l'opportunità di raggiungere i suoi momenti salienti e obiettivi sportivi. **Il duatleta è un pianificatore esperto.** L'allenamento e la pianificazione della nutrizione lo aiutano ad essere nella migliore forma possibile il giorno della gara. Il duatleta pianifica i suoi viaggi verso le diverse sedi di gara, compreso il trasporto del materiale, in tempo utile e meticolosamente. Poiché la stagione del duathlon inizia spesso in primavera, gli atleti ambiziosi amano recarsi al sud per allenarsi al caldo o approfittare dell'opportunità di allenarsi in quota. Un supporto prezioso e affidabile nella pianificazione dell'allenamento, della competizione e dell'alimentazione è offerto da pochissimi allenatori esperti di duathlon sulla scena.

Il duatleta studia per tempo il regolamento di gara di un evento e crea un programma dall'arrivo al luogo della gara fino alla partenza. Passa molto tempo per la procedura di check-in con vari numeri da attaccare, i controlli del materiale, il posizionamento della bici e del materiale personale nella zona cambio nonché il sopralluogo del percorso e il riscaldamento. Il duatleta è consapevole che piccoli errori con conseguenze spiacevoli possono accadere rapidamente se deve lavorare sotto troppa pressione di tempo nella fase di preparazione. **È un eccellente manager del tempo**. La sua gestione del tempo con un conto alla rovescia definito (ad esempio 120 minuti) dall'arrivo alla sede della gara al segnale di partenza è impegnativa ed è attentamente monitorata da lui. Gli atleti esperti consigliano di pianificare il doppio del conto alla rovescia di un evento di corsa o ciclismo per un duathlon.

Il duatleta sviluppa un processo di miglioramento continuo e si pone sempre nuovi obiettivi, sempre più ambiziosi. Con la sua forza interiore e la sua enorme perseveranza, si sforza ambiziosamente di superare i suoi limiti. **Lotta instancabilmente per il successo.** Riceve elogi e riconoscimenti per il suo lavoro da coloro che lo circondano. Questo gioioso incoraggiamento aumenta la motivazione e la spinta a raggiungere obiettivi ancora più grandi.

Per diventare ancora più veloce ed efficiente, il duatleta inserisce nel proprio programma di allenamento molte sessioni con variazioni di ritmo, in modo da abituarsi e sviluppare maggiore forza e capacità aerobica. Soprattutto per le attività da svolgere nella zona di transizione, la ripetitzione continua dei movimenti da svolgere consente di ottimizzare il tempo, anche quando in gara l'adrenalina è al massimo e gli automatismi sviluppati in allenamento consentono di sfruttare le fasi di transizione da una disciplina all'altra senza incorrere in errori e perdita di tempo.

Le prestazioni personali nel duathlon sono misurate in watt o watt per chilogrammo (watt/kg), secondi, chilometri all'ora (km/h), passo e cadenza (rpm) e per mezzo della frequenza cardiaca (bpm). Questi sono alcuni parametri di prestazione affidabili che il duatleta osserva costantemente ogni giorno. Il suo motto è: **Diventa più veloce, con più relax!** Molti duatleti hanno utilizzato diversi sensori di misurazione elettronici per misurare la velocità e le prestazioni, che visualizzano e registrano le informazioni desiderate durante la corsa e il ciclismo. Con il supporto del monitoraggio continuo, si cerca di ottimizzare sempre di più la velocità e le prestazioni. La profilazione della potenza come strumento di diagnostica delle prestazioni viene utilizzata nel ciclismo per prevedere le prestazioni della competizione (valori massimi sull'asse temporale) e aiuta a determinare con maggiore precisione gli intervalli di intensità dell'allenamento. Tali risultati consentono di eseguire la maggior parte dell'allenamento in intervalli di carico inferiori.

Il duatleta ama l'ottimizzazione della velocità. Si impegna a migliorare le sue prestazioni su percorsi di allenamento scelti per la corsa e il ciclismo. Per lui, progredire significa essere in grado di padroneggiare aumentare la velocità di base mantenendo una frequenza cardiaca bassa. Con una buona posizione aerodinamica durante il ciclismo, cerca di mantenere il suo coefficiente di resistenza aerodinamica estremamente basso e quindi di risparmiare un po' di potenza. Particolare attenzione è rivolta al casco aerodinamico. Questo deve essere adatto per essere indossato e tolto rapidamente.

Daan de Groot NED, campione europeo di duathlon d'élite di media distanza Alsdorf, GER 2019

La sua elevata comprensione tattica aiuta il duatleta a valutare e utilizzare correttamente le proprie riserve di energia in determinati momenti. Dal momento che vuole evitare in ogni caso un calo di prestazioni, deve comportarsi tatticamente in modo molto intelligente durante l'intera competizione e prestare attenzione ai dati di misurazione e ascoltare le sue sensazioni, la sua mente e la sua voce interiore. **È un abile tattico** e valuta costantemente se la moderazione e la pazienza siano l'opzione migliore o fino a che punto un attacco potrebbe dargli un vantaggio. I duatleti conoscono molto bene i propri punti di forza e di debolezza e costruiscono le loro tattiche di gara di conseguenza.

Il duatleta è un maestro di flessibilità. La realtà dimostra che non esistono due gare esattamente uguali al mondo. Ogni gara ha diverse condizioni, regole, profili del tracciato, zone di transizione e condizioni meteorologiche. Saranno proposti anche eventi di Duathlon di altri formati come Run-Bike, Bike-Run e Cross con Mountain Bike. Per poter competere in più gare in un anno, il duatleta ha bisogno di un altissimo grado di flessibilità. Ama la varietà ed è specializzato in distanze di gara brevi (sprint) o lunghe con durate di gara di 1-2 ore o oltre le 3 ore. Il duatleta partecipa con attenzione al briefing ufficiale della gara. Sono sempre possibili modifiche dell'ultimo momento da parte dell'organizzatore, ad esempio a causa del tempo o del traffico. Rimane mentalmente flessibile e può quindi adattarsi rapidamente alle nuove circostanze.

Il duathlon è uno sport impegnativo sia dal punto di vista fisico che mentale. Richiede una forte resilienza mentale. Corpo e testa devono rimanere in equilibrio per tutta la durata della competizione. Fin dal segnale di partenza, l'obiettivo è quello di riuscire a padroneggiare le varie discipline di fila il più duramente possibile vicino al proprio limite personale e senza cedimenti, lottando contro il dolore e la stanchezza. La forza mentale gioca un ruolo cruciale in questo, in modo che nel momento decisivo, ciò che è stato allenato più e più volte possa essere richiamato e realizzato. Portare a termine una gara di resistenza vicina al limite fisico richiede una grandissima determinazione mentale. Il duatleta fa un uso ottimale della sua mentalità positiva. **Matura in un eroe mentalmente robusto**. Ogni pensiero negativo è disturbante e deve essere in grado di essere riconvertito in positivo sotto stress e tensione. Arrendersi non è un'opzione per il duatleta, a meno che non sia minacciato da lesioni fisiche o sia sfortunato per problemi tecnici con i materiali di gara. L'allenamento mentale lo aiuta a mantenere i suoi pensieri sempre positivi e a raggiungere gli obiettivi definiti. I duatleti più esperti sono in grado di prefigurarsi la gara mentalmente ancor prima della gara vera e. Questa capacità di visualizzazione consente loro di reagire agli eventi imprevisti durante la competizione restando sempre concentrati e sviluppando le proprie tattiche di gara in modo efficace.

Daniel Parpan, Aeneas Appius, Mark Thomson con attivazione mentale articolare sull'anello motorio della Transilvania, ROM 2019

Affinché il duatleta possa trovare la posizione della sua bici nella zona di cambio nelle fasi di transizione della gara, il duatleta memorizza la posizione assegnata e i percorsi (run-in, bike-out, bike-in, run-out) durante la fase di pre-gara. Per fare ciò, percorre più volte il percorso da e verso la sua posizione di transizione e cerca punti di riferimento visivi (ad es. aste per bandiere, pali della luce, striscioni pubblicitari, ecc.) che lo aiutino a trovare la posizione della bici velocemente ed in sicurezza durante la competizione. Impara a dividere il percorso di gara in piccoli segmenti in modo da attivare il programma di gara preparato nella sua testa con ganci mentali se necessario (ancoraggio). **Il duatleta è un maestro della visualizzazione**. Coglie l'occasione dell'ispezione del percorso pre-gara in modo da conoscere potenziali pericoli come ostacoli, curve strette, parti scivolose e strette, inversioni a U, punti critici, segnaletica del percorso e linee verdi e rosse. Le ancore mentali lo aiutano a concentrarsi su questi punti critici durante la competizione in tempo utile.

Una discesa dalla bici ultraveloce va fatta subito prima della linea rossa

Nella sua mente, il duatleta è sempre qualche passo o giro di ruota avanti ed è in grado di richiamare dal subconscio un'infinità di volte i programmi memorizzati mentalmente. Nella sua mente, ripete più volte ciò che dovrebbe fare nell'ordine corretto prima e dopo un evento specifico come il cambiamento di disciplina. **Il duatleta pensa al futuro** e non perde secondi. Rimane molto concentrato e inizia consapevolmente e con gioia la prossima gara.

Il duatleta mostra coraggio. Appassionarsi a diversi sport e discipline con percorsi diversi e poche gare all'anno ed esporsi di conseguenza è coraggioso. Non riesce a nascondersi nella massa di atleti in una gara ed è noto per presentarsi come solista. Di conseguenza, viene notato, ammirato e riceve un prezioso sostegno. Questo riconoscimento lo aiuta a eliminare più rapidamente qualsiasi sensazione di insicurezza.

Il duatleta mette continuamente alla prova i suoi limiti in termini di utilizzo sicuro e veloce del materiale in diverse condizioni, così come fa con le sue prestazioni. **Come atleta agonista, ha bisogno di una volontà calcolata di correre rischi** su terreni diversi, condizioni meteorologiche variabili e di fare piccoli progressi personali senza andare oltre i propri limiti. Non tenta manovre rischiose che potrebbero portre ad una caduta. Se ambisce ad una vittoria, d'altra parte, deve essere mentalmente preparato a correre un rischio maggiore al momento giusto.

Il duatleta si è già guadagnato i suoi galloni come atleta individuale e ora si sta avventurando per andare oltre. La letteratura sportiva di duathlon disponibile sul mercato è piuttosto modesta. Essendo un esotico nel grande mondo dello sport, apprezza ancora di più gli incontri con le poche persone che la pensano allo stesso modo. Il dialogo costante con duatleti esperti diventa per lui un fattore di successo imprescindibile. Il duatleta studia molto seriamente le condizioni e le specifiche della gara prima di ogni evento. **È disposto ad imparare e capace di dialogare.** È solo grazie alla sua elevata disponibilità ad imparare, alla capacità di dialogare e di comprensione rapida, oltre che attraverso l'apprendimento attraverso la pratica, che migliora costantemente.

Se ti alleni ed esaurisci le prestazioni del tuo corpo in modo ottimale, inevitabilmente presti attenzione a una dieta sana. Il duatleta controlla regolarmente il suo peso corporeo e sviluppa una buona consapevolezza del consumo di zucchero. Il suo motto è:

Basso contenuto di zuccheri - più potenza!

C'è energia in ogni carboidrato e una quantità sufficiente di proteine è essenziale per i muscoli di resistenza. Di quanta energia ha bisogno un duatleta per padroneggiare un duathlon al ritmo di gara pianificato deve essere scoperto individualmente. Si occupa in modo approfondito della sua alimentazione prima, durante e dopo un evento. Il duatleta è un vero maniaco dell'energia. Per la competizione, pensa al miglior piano di alimentazione. Prima di allora, pratica l'assunzione di liquidi e l'assunzione di cibo dei prodotti selezionati in simulazioni di competizione ad alte prestazioni fisiche. Cerca sempre di raggiungere l'optimum e impara molto rapidamente dagli errori alimentari. Preferisce sperimentarlo sia in allenamento che in gara. Cerca di prevenire un calo di energia durante una gara a causa di una mancanza o di un'alimentazione scorretta.

Il duatleta ha imparato a rigenerarsi rapidamente. Poiché si allena in diversi sport come atleta di resistenza, il livello di stress del suo corpo aumenta. Solo una buona e veloce rigenerazione lo aiuterà ad aumentare le sue prestazioni a medio termine. Pertanto, si affida a un sonno regolare e sufficiente e a una quantità adeguata di allenamento che renda giustizia al suo lavoro quotidiano. Usa la piramide alimentare, evita gli alimenti che interferiscono con la rigenerazione ed è cauto quando si tratta di consumo di alcol. Se necessario, fornisce temporaneamente al suo corpo tutti i nutrienti supplementari necessari (integrazione).

Il duatleta valuta attentamente quale materiale è più adatto per il lavoro. **È abile nella selezione e nell'uso dei materiali.** Ecco perché si informa in anticipo sui requisiti appropriati per scarpe, bicicletta (dimensioni del telaio), pedali, cambio elettronico, corona e cassetta, manubrio aerodinamico, posizione di seduta, impianto frenante, casco, occhiali, abbigliamento e sensori di misurazione, tra le altre cose per un cambio di sport fluido e veloce. Sono i dettagli che lo

interessano. Non sceglie la scarpa in carbonio high-tech più bella, ma, al momento della scelta, cerca una scarpa che sia velocemente sfilabile durante la gara. La scarpa da ciclismo è dotata di una linguetta a sgancio rapido e, agganciata al pedale e fissata nella posizione corretta con un elastico, rimane in orizzontale rispetto la bici, mentre l'atleta salta su ad inizio frazione. La linguetta facilita la chiusura e l'apertura della scarpa durante la pedalata. Il duatleta si fida e ama il suo materiale e lo usa di conseguenza in modo consapevole e mirato.

Un raccordo per bici viene spesso utilizzato per un ciclismo aerodinamico e ottimizzato per le prestazioni. Impara in fretta dalle disavventure. Ha anche appreso da terzi che orecchini, collane e anelli da dito possono portare a situazioni di stress e incidenti inutili quando ci si toglie il casco o si rimane impigliati in oggetti in gara.

Il duatleta è uno degli atleti più abili dal punto di vista motorio e tecnico. Gareggia in diverse discipline e sfrutta in modo ottimale le possibilità del suo materiale. **Ha molta abilità e conoscenza tecnica.** Soprattutto sulla bici da cronometro, il duatleta cerca di pedalare il più a lungo possibile in una posizione aerodinamica ad alta velocità, che richiede capacità di guida e un'elevata reattività. Se ha familiarità con i materiali, è in grado di riconoscere tempestivamente i punti deboli e i segni di usura e di eseguire la manutenzione dell'attrezzatura da allenamento e da gara. La sua comprensione tecnica è necessaria quando si registra un duathlon con i dati delle prestazioni desiderati da diversi sensori elettronici durante la corsa e il ciclismo.

Il duatleta ha imparato rapidamente che può svilupparsi nel suo sport principalmente attraverso una capacità di dialogo aperto. **È un buon networker** e mantiene contatti regolari con esperti di diversi settori. Oltre ai suoi consiglieri diretti, sostenitori e mecenati nel duathlon, è alla ricerca di altri confidenti che lo aiutino nel suo sviluppo specifico nella corsa e nel ciclismo. Molti duatleti sono iscritti a diversi club sportivi. Il duatleta tratta i suoi partner con benevolenza e rispetto. Il suo team personale è felice di sostenerlo ed è felice di poter festeggiare i successi con lui. I duatleti esperti sono felici di assumere un ruolo di mentore e sono disponibili ad aiutare i nuovi arrivati e i principianti con consigli e supporto. Proprio come hanno potuto sperimentarlo loro stessi.

Riparazione di emergenza della foratura di Gregor Keiser come aiutante spontaneo ai Campionati del Mondo di Duathlon Pontevedra, ESP 2019

Il duatleta ama i suoi dati e le sue immagini. Non contano davvero per il duatleta il numero di cuori, pollici o complimenti ricevuti sulle ormai numerose piattaforme online e nei social o le vittorie KOM (King of Mountain) ottenute. Nella migliore delle ipotesi, lo ispirano ulteriormente e gli danno gioia. Piuttosto, il duatleta ama analizzare meticolosamente i suoi dati di allenamento e competizione. Dall'analisi ricava il suo potenziale di ottimizzazione. Per renderlo molto facile da gestire, pensa a quali dati del sensore ha bisogno e dove devono essere trasferiti. Questo è l'unico modo in cui può valutare in modo flessibile i suoi dati di corsa e ciclismo e trarre le giuste conclusioni. Ad esempio, può essere interessante lo sviluppo del proprio valore

VO2max durante la corsa e il ciclismo nel corso degli anni. Il duatleta immagazzina molte emozioni belle e durature nei suoi pensieri e nel suo mondo emotivo. Questi momenti positivi sono enormemente importanti per lui, poiché hanno un grande potenziale energetico. Ad esempio, utilizza i dati dell'evento per registrare le immagini e le registrazioni video associate in modo che possano essere trovate rapidamente in un secondo momento. Utilizza consapevolmente i dati e le immagini delle prestazioni per il suo sviluppo fisico e mentale.

Solo pochissime persone riescono a padroneggiare con successo progetti complessi, poiché spesso non riescono a trovare il coraggio di realizzarli. Chiunque osi partecipare a un duathlon vuole raggiungere il proprio obiettivo, sia come coraggioso finisher che come atleta da podio. Il duatleta ha l'esperienza per condurre con successo un progetto fino al traguardo. Impara in fretta dagli errori e dalle scon-fitte. Sa che nel corso di una stagione ci sono solo poche gare di duathlon disponibili e non c'è un secondo tentativo. Ciò richiede di essere focalizzati sull'obiettivo per essere in grado di avere successo di nuovo il giorno X. **Il duatleta ha una mentalità vincente molto pronunciata.** Il tasso di fallimento degli atleti partecipanti in tutte le fasce d'età in un duathlon è inferiore all'1%. Solo chi sconfigge se stesso è forte. Il duatleta è uno dei classici tipi di vincitori.

È assolutamente vietato per il duatleta perdere il premio personale e il riconoscimento sul podio come finisher. Nei confronti dell'organizzatore e dei concorrenti, tale comportamento equivale a una mancanza di rispetto. Il duatleta mostra sempre rispetto e apprezzamento all'organizzatore e ai concorrenti con la sua partecipazione all'annuncio della classifica. **È paziente e distribuisce lodi e complimenti.** È un grande onore per il duatleta poter competere in una competizione. E'consapevole che i numerosi volontari gli permettono di vivere esperienze meravigliose durante gli eventi. È una persona estremamente grata e si relaziona con gli aiutanti e i concorrenti con calore. È anche soddisfatto delle prestazioni dei suoi compagni di gara e li ringrazia per il fair play e festeggia nel dopo gara. Gli attuali campioni della scena del duathlon sono modelli per grandi e piccini. Poter beneficiare della loro esperienza non è una cosa scontata. Per questo motivo, il duatleta ringrazia gentilmente quando riesce ad ottenere uno scambio di esperienze con il suo idolo.

Il saluto di benvenuto è una cosa ovvia tra le squadre degli sport di squadra. Il duatleta, invece, si allena in modo specifico e spesso da solo. **Saluta gli altri atleti con gioia**, che si tratti di ciclismo o di corsa. I duatleti si salutano con una stretta di mano e si augurano buona fortuna prima di una gara. Questo non è solo un gesto di rispetto reciproco, ma ricorda anche all'atleta il Codice del Fair Play.

COS'ALTRO SI DICE DEL DUATLETA

Quando arriva il dolore, il duatleta inizia a ridere.

Il duatleta non è un nuotatore. Questa affermazione è coraggiosa. I duatleti sanno anche, ovviamente, che il nuoto è salutare. Oggi gli esperti confermano che un duathlon con corsa-bici-corsa è mentalmente e fisicamente più impegnativo di un triathlon con nuoto-bici-corsa. Il duatleta utilizza il tempo non di nuoto per migliorare la sua capacità di due sessioni di corsa alla stessa velocità con l'allenamento combinato corsa-bici. Vuole assicurarsi di non crollare nell'ultima corsa dopo le prime due dure sessioni di corsa in bici. I triatleti hanno sviluppato una preferenza per il nuoto. Investono molto tempo nell'allenamento di nuoto e spesso dimenticano che la loro competizione termina anche con una corsa finale veloce e che il tempo di corsa è molto più lungo rispetto al tempo di nuoto.

Il duatleta fa brevi pause. Quando si corre o si va in bicicletta, ci sono sempre situazioni che causano una sosta improvvisa. Che si tratti di un passaggio a livello chiuso, di un semaforo rosso, di un'auto parcheggiata, di mucche sulla strada e così via. Per il duatleta, queste sono situazioni quotidiane quando si allena sui mezzi pubblici. Mantiene la pace interiore in questi momenti. Interrompe l'orologio di allenamento, si gode il breve momento con una pausa e un po' di cibo, rilassa i muscoli e fa un respiro profondo. Perché sta per continuare di nuovo completamente concentrato.

Il duatleta è sempre vigile ai comportamenti degli altri su strada. Con la sua elevata velocità, viene ripetutamente sottovalutato mentre si allena in bici su strada. Per proteggersi, deve pensare sempre in anticipo e riconoscere tempestivamente i pericoli. Nell'allenamento in bicicletta, dipende da sezioni del percorso che gli consentono di pedalare veloce in una posizione aerodinamica. Evita spesso le piste ciclabili con pedoni, poiché il rischio di incidenti dovuti a persone a passeggio, bambini e cani disattenti è elevato. Gli automobilisti spesso mostrano poca comprensione e sono felici di rimproverare. Spesso non si accorgono che non sono autorizzati a guidare oltre i 30 o 50 km/h nemmeno nelle aree urbane. I conducenti di autobus e camion rombano davanti ai ciclisti sulla strada di campagna con i loro camion da 40 tonnellate, a volte in modo sconsiderato. Il duatleta impara ad essere preparato per tali situazioni. Questo perché la sgradevole raffica di vento spesso colpisce sfavorevolmente le sue ruote aerodinamiche e provoca turbolenze.

Segnalazione di pericoli ai compagni di allenamento. Conosce i segnali manuali di segnalazione dei pericoli e li applica nel ciclismo di gruppo e nelle corse di gruppo, sia in allenamento che in gara. Si preoccupa della sicurezza di tutti. Indica in tempo utile pericoli per gli altri atleti alle sue spalle. L'osservazione tardiva di un sasso, di una buca nel manto stradale, di una soglia, di una curva che si chiude bruscamente, di un binario ferroviario e tranviario, di un palo, di un punto scivoloso, di una barriera o di una manovra di sorpasso non pianificata possono avere conseguenze deplorevoli.

Il duatleta preferisce l'esteta al poser. Il luogo di lavoro di un duatleta è nella natura. Ama la bellezza e, come atleta di resistenza e architetto aerodinamico, cerca di fondersi con la topologia della natura. È interessato all'ottimizzazione ed è in primo piano. Il materiale o il peso non necessario ostacolano il duatleta nella sua prestazione. Si concentra sulla sua passione e non sull'estetica del suo materiale. Motiva i suoi simili con esperienze emotive e rapporti sulle prestazioni.

Il duatleta è un membro orgoglioso della comunità.
Si muove in una bolla sportiva con poche persone che la pensano allo stesso modo. Dal momento che si incontrano più volte all'anno a un duathlon, si conoscono. Durante una competizione, ci si misura come un concorrente e poi le esperienze e le esperienze vengono scambiate con gioia. Ogni membro della comunità presta il dovuto rispetto e riconoscimento agli altri per il risultato raggiunto. Questo crea un' atmosfera molto apprezzabile, amichevole e familiare. Molti duatleti mantengono i contatti anche durante l'anno in occasione di eventi privati. Le migliori amicizie nascono sempre dalla condivisione di esperienze uniche. I duatleti, che gareggiano anche nei campionati internazionali, rappresentano il loro paese come ambasciatori del duathlon. La comunità tributa loro il massimo rispetto, li rispetta e li onora.

Buon umore anche prima della gara campionato del mondo sprint duathlon Ibiza 2023

RINGRAZIAMENTO

La gratitudine è il segreto della felicità.
(Dalai Lama)

La mia fortuna è che posso ringraziare così tante persone che mi hanno instancabilmente sostenuto e motivato nello scrivere e progettare questo libro. Vorrei menzionare in particolare:

la mia amata moglie Anita Appius per il suo immenso supporto e pazienza, il mio amico Marcel Nickler per il suo apprezzato lavoro di editing, i miei amici duatleti svizzeri Stefan Marty, Mark Thomson e Reini Pöllinger per le loro idee sui contenuti e la revisione della sceneggiatura, il mio amico italiano di duathlon Carlo Simongini per l'assistenza alla traduzione italiana e mio figlio Tamino Appius per il disegno delle vignette della pantera.

I successivi mecenati hanno sostenuto finanziariamente la pubblicazione di questo libro con generose donazioni. Mille Grazie!

- ALTIUS Centro Sportmed Svizzero
- Appius Consulting
- Crespo.ch GmbH
- Gruppo d'interesse (IG) Duathlon svizzero
- Powerman Zofingen, Duathlon World Championships

Benjamin Choquert, campione del mondo di duathlon d'élite
Pontevedra, ESP 2019 (Foto Fédération Française de Triathlon)

Con le sue diverse abilità, il duatleta si sta trasformando in una dinamo preziosa e affidabile nella nostra società.

www.duathlet.com